Anne MERVILLE

SEUL L'AMOUR...

Le cœur léger, chantez !
Tout passe, tout lasse, tout disparaît.
Tout, Sauf l'amour !

Sœur Emmanuelle

A nos Amours… Santé !

A Toi, éternellement…

© 2014, Anne Merville
Edition : BoD - Books on Demand
12/14 rond-point des Champs Elysées, 75008 Paris
Imprimé par Books on Demand GmbH, Norderstedt, Allemagne
ISBN : 9782322033713
Dépôt légal : juin 2014

Si l'Amour m'était conté

L'Amour pur est la seule force capable de nous révéler à nous-même et d'éclairer le monde. C'est cette force qui est la vibration infinie de notre âme.

Notre passage sur terre n'a de sens que par cette révélation.

Nous sommes des voyageurs sur le sentier de l'Amour. Impossible de s'égarer puisqu'on ne se trompe jamais en suivant son cœur.

Un beau jour, le bleu du ciel nous enveloppe de sa clarté et c'est l'émerveillement.

Notre dernier souffle n'emportera que nos corps. L'Amour, lui, reste vivant éternellement. Semence de lumière portée par le vent, se déposant dans nos cœurs vies après vies, nous rendant meilleurs, car plus aimants.

Il arrive toujours en dehors de tout espace-temps. Lorsqu'il est là, en vérité et en unité, on ne sait plus très bien quelle heure il est, la date précise, ou toutes ces choses éphémères et insignifiantes.
L'instant seul existe, illimité, absolu. Il remplit tout, déborde de partout.

L'Amour nous ramène à l'essentiel, il est au-delà de nous, au-delà de tout.

Il pulvérise d'un coup toutes les limites que l'on s'impose, pour nous élever en un éclair dans l'immensité de la Lumière infinie.
Notre regard ne voit plus que la beauté du monde et une joie naturelle explose dans notre poitrine, envahissant notre espace intérieur tout entier.

Le miracle, c'est que quoi qu'il se passe, il laisse son empreinte indélébile au plus profond de notre âme et ne connaît pas de fin.

C'est le meilleur qui puisse nous arriver. C'est une grâce…

C'est l'habit de lumière que prend Dieu en visite sur terre.
Il se déguise dans l'éclat d'un regard, l'étincelle d'un sourire, le velours d'une caresse. Mais aussi, dans la rosée d'une aube claire, la poésie d'un rêve bleu, le silence d'une prière.

C'est encore lui, tapi au sein de la myriade d'étoiles scintillant à la surface de la mer, embusqué dans la valse enivrante des couleurs d'automne ou dans le chant des oiseaux.

Parfois, il ose laisser son empreinte en forme de cœur. Là, sur une feuille. Ici, sculpté dans un caillou ou un morceau de bois. Ephémère dans l'ourlet d'un pétale, dans le salto d'une vague. Evanescent dans le drapé d'un nuage. D'un clin d'œil, il s'éternise dans un oursin fossilisé discrètement mêlé aux galets de la plage auxquels il chante la romance.

Mais, la plupart du temps il ne vêt aucune forme, inondant nos âmes de sa pureté

Il arrive que l'on croit avoir perdu l'amour. Pourtant, un jour, au vide douloureux de l'absence succède l'omniprésence. L'être aimé n'est plus là et pourtant, il est partout. Dans chaque paysage, chaque mélodie, mêlé aux notes les plus douces. En plein cœur du soleil levant, dans la goutte de rosée frémissante au bord d'un pétale de rose.

On ne garde que le meilleur et à l'aube d'un matin, on s'aperçoit avec bonheur que l'Amour demeure plus que vif en nous continuant son interminable voyage dans le bleu du Grand Silence.

Ce livre vous est offert en trois temps. Comme une valse.

C'est bien ça dont il s'agit.
La grande danse de l'Amour nous fait tourner la tête, chavirer le cœur et enchante nos âmes.
Sans début ni fin, se renouvelant sans cesse, réinventant de nouveaux chemins plus beaux les uns que les autres.

Je vous invite à entrer dans cette danse, pour vivre l'évidente merveille de la vie.

IL ETAIT UNE FOIS...

Tout est facile, tout est léger.
Rien ne me trouble ni ne m'affecte,
Puisque tu m'aimes.

Tout est merveille, tout m'éblouit.
Rien à chercher, tout est ici,
Puisque je t'aime.

Le printemps revient.
Les fleurs aux mille couleurs,
Et toi, partout sur mon chemin !

Dans l'immensité bleue,
Le velours d'une caresse,
Et tout notre Amour !

Dans le silence,
Deux cœurs immenses...
Une seule vibration.

D'un coin de ciel

Le jour s'achève sur un ciel étoilé,
Du bout des lèvres nous donne un baiser,
Et s'endort.
La sève s'élève vers le plus haut des cimes,
Là où nos rêves plus jamais ne s'abîment,
C'est de l'or.

L'Amour m'envole depuis que je suis née,
Aucune école ne pourra l'enfermer,
C'est osé.
Sous le vent, par foi, je remets cette promesse,
Soulevant parfois des montagnes de caresses,
Déposées.

Une goutte de rosée sur une fleur déposée,
S'égoutte, fébrile, prête à tomber,
Puis renaît.
Là, le ruisseau murmure au vent léger,
Des mots d'amour, au fil de l'eau égarés,
Confiés.

Ça me suffit pour respirer.
D'un coin de ciel, un ange sourit,
Devant ce flot d'amour sacré.
Bruissement d'ailes sur l'Infini

Étrange sensation.
Est-ce un rêve éveillé ?
Dans un tourbillon,
Mon cœur est emporté !

Tel un cheval sauvage,
Fougueux, indomptable,
L'Amour, invulnérable,
Dévale en mon cœur en nage.

D'où vient cette force, cette joie secrète
Si ce n'est Toi ?
Et cette lumière pure qui m'entête,
Bien sûr, c'est Toi !

Dans l'immensité,
La lumière de la lune,
Seule, suffit à tout éclairer :
Et nos rêves et nos âmes liées.

Si ce n'est pas la clarté même
Ce bel Amour,
Alors, il n'est de lumière à même
De faire le jour !

Dans la promesse d'une rose,
L'Amour se révèle.
Dieu ne vit pas qu'au ciel !

Sur le lac immobile,

L'Amour se pose.

Ô Dieu, exauce mon vœu !

IL ETAIT DEUX FOIS...

La neige fond. Les fleurs fanent.
Le feu s'éteint, le vent tombe.
Mais dans mon cœur, jamais ne cesse
Le flot d'amour qui s'y déverse.

De l'eau qui déborde,
On peut arrêter le cours.
Du vent, le désordre,
On le réordonne un jour.
Mais dans mon cœur, comme une horde,
Cet amour dévale pour toujours !

Tout l'océan à boire
Ne remplirait pas mon âme
Autant que le sésame
De ton amour.

Les vagues du large,
Toujours,
Me ramènent à Toi...

Dans la transparence de la mer,
Unifiée à l'univers,
Loin de tout, si près de Toi...

L'autre jour, j'ai pensé à toi

Quand ? Je n'en ai aucune idée. Tu le sais, je ne porte pas de montre. Le temps qui passe ne me soucie pas. Seule l'éternité m'intéresse.

Justement, l'autre jour, donc, je marchais sur la plage. De connivence avec la frange d'eau qui souriait à mes pieds. Sa joie pétillait en une myriade de particules effervescentes qui moussaient sur le sable dans un chuintement mélodieux.

Le souffle de l'air était froid, revigorant. Le soleil doux me réchauffait de son sourire radiant.

J'aime tant ce mélange de fraîcheur et de lumière chaude. J'ai alors la sensation que la merveille de la vie pétille dans chaque cellule de mon corps, enveloppant mon cœur du velours de sa caresse, emplissant mon âme de la seule vérité, qui est l'Amour absolu qui l'éclaire.

C'est exactement le même sentiment que ton amour a fait naître dans mon âme et qui, comme les vagues, me revient à chacune de mes respirations.

Je ne pensais à rien.
Absorbée par la lumière dansante sur le miroir scintillant de la mer, enchantée par la blancheur éclatante des blocs de craie détachés des falaises tutoyant le ciel.

Transparence de lumières blanches et bleues, magnifiées des parcelles d'or semées par une main invisible et inconditionnellement aimante.

J'étais déjà comblée par la beauté de la journée. Vivifiée par un bain de mer dont la température ne dépassait pas les douze degrés, je me sentais sereine, immergée dans ce sentiment fort d'appartenance à l'univers.

J'étais loin d'imaginer qu'une nouvelle bénédiction m'attendait.
Le trésor était là, parmi les galets. Une intuition providentielle, probablement inspirée par la grâce d'un ange, me fit baisser le regard sur la palanquée de dos ronds pouffant de rire en roulant sous mes pas.
    Je ne vis que lui.
Les plus belles, les plus grandes histoires d'amour naissent ainsi. Presque par miracle. Au milieu d'une foule, un seul visage retient notre regard. Une seule vibration est en parfait accord avec notre musique intérieure. La partition peut alors se jouer harmonieusement.
Il nous faut être attentif, présent à ce qui vient, à ce qui est.

C'est ainsi qu'à cet instant, je me baissais pour ramasser délicatement celui qui m'avait fait signe.

Au creux de ma main, un magnifique oursin fossilisé en forme de cœur, panaché noir et blanc. La perfection à l'état pur.

J'en sautais de joie sans retenue, puis regardais le bleu du ciel, celui de la mer, en pleine gratitude.

Un cadeau inestimable offert en toute simplicité.

Noir et blanc, le yin et le yang, l'équilibre, l'harmonie parfaite.

En le contemplant, je vis comme des paillettes argentées microscopiques enluminant la surface de l'animal devenu minéral.

Aujourd'hui encore, il m'éblouit. La magie est en œuvre. Ce fossile est en pleine voie de cristallisation !

Il se purifie, jusqu'à révéler son essence réelle, de lumière pure.

Sa douceur au toucher n'a d'égale que la beauté de ses traits. Parfaitement dessiné, finement ciselé par les doigts des fées de l'écume.

Le plus incroyable, c'est qu'il est entier. Aucune fêlure. Pas le moindre signe d'usure, malgré son long voyage dans les bras de l'océan, brassé par les courants.

Il m'apporte son message, clair, percutant. L'Amour, s'il est pur, est au-delà du temps.

Mieux, au fil des vies il gagne en lumière. Rien ne l'arrête. Rien ne peut l'entacher. Nul ne peut le briser. Il nous rend libres, il est notre force vive.

Je l'ai posé aux pieds de lotus de la Vierge Marie, sous la protection de Son manteau bleu étoilé. Bien au chaud, enveloppé par Son aura parfumée de rose sacrée.

Une statue sculptée par les mains de mon père, tandis qu'il était étudiant architecte. Sa première œuvre, modelée à même la terre, laissée à l'état originel.

Qui, mieux que la Mère divine dans Sa transparence de lumière, pouvait recevoir ce cœur nu ?

Un amour secret
Peut facilement se glisser
Entre deux pensées.
Et, d'un coup, tout éclairer !

Un jour,
L'Amour, mon cœur a envahi,
Déferlant, sans compromis.
Et puis,
A pas feutrés, il s'est lové,
Discret, sans faire de bruit.
Depuis,
Il est mon souffle, il est ma vie !

Dans chaque sourire,
Chaque regard amoureux,
Un Ange respire…

Bercé de lumière,
Mon cœur s'enivre.
Un Ange s'affaire,
Amour à suivre !

La promesse de l'Ange :
Un coin de ciel bleu.
Là ! Dans tes yeux.

Les saisons passent,
Mais dans nos cœurs
Rien ne s'efface,
L'Amour demeure.

Traces de rêves à l'aube d'un matin,
Traces de toi, à mon cœur amarrées.
Traces de rêves se frayant un chemin,
Traces de toi, là, dans mon âme ancrées.

IL ETAIT TROIS FOIS...

A ce qui est juste, dit-on,
L'univers pourvoit toujours.
Chance ! Nos âmes liées par l'Amour,
Par Dieu, se retrouveront.

*L*e jour d'avant notre naissance,
Nous nous sommes promis,
L'éternité.
Au dernier souffle de nos vies,
Sourions à notre chance
D'éternité !

Des rives lumineuses de mon âme,
L'océan de mon amour pour toi
Dérive de vies en vies,
Pour te retrouver...

Presque rien,
Ton parfum qui me revient.
Un pan de ciel qui s'ouvre !

А l'eau qui passe, le nuage errant,
Je me dis parfois,
Je ressemble tant.
Cette promesse d'Amour vivant,
Je médite. Par foi,
Je la remets au vent...

L'éternité n'est pas de trop

Un titre lumineux pour un amour merveilleux, reliant deux cœurs si purs que seule la grâce peut les toucher.

Il y a des livres comme ça. On les ouvre et d'un coup, la lumière est partout !

C'est le cas avec les mots ciselés d'or de Christian Bobin qui trempe sa plume directement dans le bleu infini du ciel. Quelque soit le livre choisi, on ne peut échapper aux éclaboussures de lumière pure.

Et puis, ce roman de François Cheng. C'est la troisième fois que je le lis. Ce n'est pas la dernière !

Je le savoure comme un thé subtil et raffiné, gorgée après gorgée. Lentement.
Je le redécouvre comme la clarté du jour, souffle après souffle.Joyeusement.
La beauté troublante, sensuelle qui s'en dégage, à nouveau, m'enveloppe de son parfum envoûtant pour finalement se déposer délicatement en un tapis fleuri d'essences rares au plus profond du cœur.
Ensorcellement des sens qui révèle la transparence de la merveille de ce qui nous dépasse : la trace de l'Amour absolu, avec cette certitude qu'il est ce qui ne meure pas.

Revenant d'au-delà du temps, un tel amour peut naître dans la clarté bleue et or d'une journée d'automne.

Entraîné par la danse tourbillonnante du vent, il se dépose dans les deux cœurs qui s'attendent, s'espèrent et s'appellent.

Il croît dans le silence blanc argenté de l'hiver, développant sa force secrète à l'abri du gel de l'oubli.

Là, il s'enracine profondément, inaltérable.

La douceur verdoyante et cristalline du printemps le voit déployer ses couleurs, purifié par les pluies célestes.

Emporté par la joie infinie, il chante avec les fleurs sauvages, gazouille ses notes les plus mélodieuses avec les oiseaux, s'élevant dans les bras du ciel.

La lumière jaune d'or et corail de l'été l'exalte. Roi couronné d'azur, il rayonne d'éternité.

En vérité, l'Amour traverse les saisons comme les incarnations, avec souplesse et détermination.

Ce corps, c'est certain, terminera un jour son passage. Il s'évanouira dans le feu dansant. Mais tout cet Amour, lui, continue le voyage, purifiant nos âmes de sa force, son élan, semant vies après vies, nos retrouvailles.

Alors vois-tu, nul besoin de fouiller le ciel, sonder la mer ou la rivière. Aucune nécessité de fouler la terre ou de prier sans fin pour se retrouver.
Nous ne perdrons jamais la trace de l'infini de notre Amour.

Dieu merci, l'éternité n'est pas de trop !

Les cerisiers sauvages
Renaissent à chaque printemps.
Les vagues vont et viennent sans âge,
Indifférentes au temps.
Notre Amour, vois-tu, sage,
Ne peut vivre qu'éternellement.

Une pluie d'étoiles et d'or pur

Depuis quelques temps, à nouveau, une pluie d'étoiles colore mes rêves en bleu et façonne mes journées d'or pur…

Comment est-ce possible ?

C'est tout simple. J'ouvre mon cœur et je le laisse seul maître du chemin à suivre. C'est à coup sûr la meilleure façon pour que se révèle la magie de la vie.

Puisqu'elle est là, partout. A chaque souffle, elle est prête à s'éveiller. Seulement voilà, nous ne savons la voir que trop rarement, sots que nous sommes !

Pourtant, au milieu de ce chaos, dans le noir et le gris de l'oubli, dans le brouillard des incertitudes, les larmes des regrets ou l'acidité des espoirs perdus ; il y a ce petit quelque chose qui brille.

A l'image d'une luciole, dont le point lumineux fascine, presque phosphorescent dans l'écrin d'encre de la nuit.
Une lueur, une éclaircie, une braise encore incandescente.
Une chance à saisir, aussi infime soit-elle.

Le renouveau a surgi là où je ne l'attendais pas.
Il est possible que je n'aie pas grand mérite dans la mesure où ma mère m'a dit un jour :
- Toi, tu as le don de voir la lumière même dans les coins !
Alors, soit ! Disons qu'il s'agit d'une grâce pour laquelle, soit dit en passant, je suis profondément reconnaissante.

Cette fois, une intuition bienveillante m'a guidée jusqu'à un magasin dans lequel je vais rarement.

Je n'ai pas réfléchi. J'ai suivi le souffle invisible qui me portait et ma main s'est retrouvée à saisir un dvd.
Un film indien, *Devdas*. Le premier d'une longue série.
Je ne connaissais pas le cinéma Bollywood, ni son acteur fétiche *Sharukh Khan* et pour le peu que j'en avais entendu parler, cela ne m'inspirait pas.
  J'avais tort.

Les premières images m'ont immédiatement transportée dans une sorte de féerie pétillante.
Les couleurs, les décors, la nature somptueuse et généreuse, la musique, la grâce, la spiritualité omniprésente apportant sa touche d'infini à une

magnifique histoire d'amour : tout concoure à nous propulser vers le meilleur de nous-même.

La particularité du cinéma indien est qu'il y a des séquences où les acteurs dansent et chantent. Bien des gens n'aiment pas. Pourtant, ne pouvons-nous pas expérimenter la vie comme une danse joyeuse ?

Si l'on y parvient, imaginez la légèreté qui en découle. C'est l'un des messages forts que je retiens : entrer dans la Grande danse de l'univers pour vivre la merveille de la vie…

Depuis, d'autres films sont venus enchanter mes heures. Parmi les plus beaux, *Asoka, Jab Tak Hai Jaan* (« jusqu'à mon dernier souffle ») et *Veer Zaara* tiennent une place d'honneur aux côtés de *Om shanti* et *Rab ne bana di jodi* dont la douce poésie m'a fait l'effet d'une gourmandise savoureuse.

L'extraordinaire de ces histoires réside dans la force d'amour qui transcende les personnages, les amenant à puiser dans la pureté de leur âme et de leur cœur ce petit quelque chose de plus qui les rend plus grands, plus forts, hors normes.

Rien d'inaccessible. Juste l'audace de laisser parler le cœur pour vivre cette liberté enivrante d'aimer sans mesure.
Cette grâce de Lumière remplit mon cœur, faisant écho à l'Amour infini qui y vit.

Si bien qu'au moment où les jours raccourcissent, où le froid s'installe, où le ciel arbore plus souvent des camaïeux de gris que des aquarelles de bleus, cela n'influence en rien mes pensées.

Même la morosité ou l'agressivité environnantes, ne parviennent pas à perturber l'harmonie intérieure. Ou si peu.
Je ne me leurre pas. L'effet positif sur mon mental n'est probablement pas définitif. Cependant, la légèreté qui se fait jour a le mérite de laisser son empreinte.

Tout comme l'amour vécu tapisse nos cœurs de son velours, vivant quoi qu'il arrive au plus profond de nous.

J'ai découvert dans ces films de douces mélodies qui se promènent longtemps dans ma tête, ayant souvent l'espièglerie de m'accueillir au réveil !
Nombreuses d'entre elles sont de pures merveilles. Inspirantes, elles touchent au ciel.

Une pluie d'étoiles pour colorer vos rêves en bleu et façonner vos journées d'or pur, c'est ce que je vous souhaite.

Peu importe la source d'où coulera ce bonheur, puisqu'elle sera faite d'Amour !

Dans le grand livre de l'univers,
L'Amour n'a pas de fin.
Mon cœur est en paix. Enfin !

Seul l'Amour
Dans mon âme et mon cœur,
Pour toujours.

Soleil levant, soleil couchant,
Lune montante ou descendante,
Près, loin, en tout, toujours ensemble.

𝓐lors, c'est donc ça la présence pure ?
Bien plus qu'une mémoire :
Une grâce d'Amour,
Lumineuse,
Rare...

𝓓es vagues à l'âme en transparence
Divaguent à larmes, en transe
s'élancent
Dans ma mémoire où, en silence,
L'Amour de Toi, lumineux,
danse...

SEUL L'AMOUR...

Voilà, c'est fini... Le sept septembre 2013, mon père a quitté son corps. Revêtant son habit de lumière, il s'en est allé rejoindre la joie du ciel, libre...
Un voile de tristesse s'est déposé en moi, comme la neige tapissant la terre de son manteau immaculé dans une enveloppe de silence blanc.
Et puis, plus rien. Reste l'absence. Implacable, immense. Mais aussi infinie, lumineuse.

Il était prêt pour son ultime voyage. Je l'étais moins. Mais avec l'élégance qui était sienne, il a tenu à nous prévenir, nous disant l'essentiel avec tant d'amour...

La vie est si courte ! Le temps semble suspendu, laissant émerger le bleu infini du Grand Silence m'enveloppant de Sa cape de velours.

La vie est une drôle de fille ! Elle prend, elle donne, se cache puis surgit avec espièglerie à l'endroit où on ne l'attend plus, ballottant nos émotions au gré de ses humeurs de sauvageonne.

Voilà, la vie continue. Au rien de l'absence succède le tout de l'omniprésence. Tout comme la neige recouvre tout, efface tout pour finalement laisser briller chaque empreinte de présence pure...

La vérité est que seul l'amour nous survit.

Combien de lunes ?

Si tu savais...

Tu es partout !

Du même auteur :

Rêves Océans, éditions Christophe Chomant (2006)

Aussi léger qu'une plume, éditions Christophe Chomant (2007)

Noces océanes, éditions Dorval (2012)

Enfants Phares, éditions La Gidouille (2013)

Un p'tit câlin avec plein d'amour dedans
Collectif de nouvelles, éditions La gidouille (2013)